保育に活かす ペアレントトレーニング

"気になる"行動 が変わる支援プログラム

上野 良樹 著

金沢こども医療福祉センター・金沢療育園施設長

ぶどう社

はじめに

　保育園や幼稚園という場所と家庭とのちがいは、「集団」と「個」の差にあります。家庭の中ではほとんど気にならないことも、園という集団の中では気になるかもしれません。園にはさまざまな発達段階やとても個性的な子どもたちが生活しています。身長と同じように、みんなと並んでみてはじめて発達の凸凹が気になるかもしれません。

　赤ちゃんは、「おぎゃー」と産まれてから、お母さんを見つめお母さんが見つめかえすことで、二者関係が成立していきます。「いないいないばあ」遊びに代表されるようなその関係性を土台として、物や風景や感情を共有する三者関係に発展し、ことばをおぼえていきます。

　そんな子どもたちにとって、早い子では1歳前からはじまる集団関係は、劇的な環境の変化と言えます。

　二者関係がうまく作れない、あるいは三者関係がまだ十分できていない子が、集団の中に入っていきなりうまくできることのほうが少ないかもしれません。

　"気になる"というのは、その環境の中で自分なりになんとかしようとがんばっている姿であったり、自分の世界の中で解決しようとがんばっている姿であったりします。まだ経験も少なく、小さな子どもの世界では当然環境の影響も受けやすくなります。"気になる子"と私たちが言う時は、"集団や環境の影響を受けやすい子"と考えてみる視点も忘れるわけにはいきません。

　"気になること"は、もちろん悪いことではありません。子どもたちは、一人ひとりみんなちがった成長の仕方をします。"気になること"の中に、子どもの得意なことがあったり、"気にならないこと"に注目することで、子どもとの関わりのチャンスが生まれます。

"まだうまくできないことがある"、"人とちがっている"、それだけでは、病気でも障害でもありません。大切なことは、まず、"子どもが今何ができているか"を知ることです。まだうまくできないことがある時は、"どうすれば、うまく過ごせるようになるか"を子どもの視点を忘れずに考えることです。

　そして何よりも、私たちにできることは、"お母さんにゆったりとした親子の関わりをもってもらう"ことです。親が子どもとのうれしさや楽しい時間を共有することが、子どもの安心感や過ごしやすさを育ててくれます。

　まず、ありのままの子どもの存在を自然に受けいれることが、子どもたちに関わるすべての人たちに、今あらためて必要とされている気がします。

　この本では、ペアレント・トレーニングの考え方にもとづいて園や集団の中で、子どもの行動を状況に応じた適応行動に導く方法を学んでいきます。できないことを特訓したり、子どもの個性を変えるのではなく、子どものまわりの環境を整えることで、子どもの行動を変えその行動に注目してほめることが、子どもの成長や発達を促してくれることを実感できると思います。

2018年2月　上野良樹

はじめに ……………………………………………………………………… 2

発達の凸凹とペアレント・トレーニング ………………………………… 6

1章 注目名人になる

1 うまくできる時とうまくできない時は紙一重 ……………………… 14
支援プログラム **①** 子どもの行動に注目してほめる

2 ふつうの小さな行動こそ注目力がアップする ……………………… 20
支援プログラム **②** 今できている行動に注目する

2章 観察名人になる

3 行動にはかならず意味がある ………………………………………… 34
支援プログラム **③** 行動を分析する

4 行動にはかならず法則がある ………………………………………… 40
支援プログラム **④** 行動の法則をみる

3章 原因名人になる

5 うまくできないことは子どもにとっても災難 48

支援プログラム **5** 災難の原因を考える

4章 環境名人になる

6 子どもの行動は個性と環境で決まる 62

支援プログラム **6** 子どものまわりの2つの環境

7 過ごしやすい環境が子どもの力を引き出す 70

支援プログラム **7** 過ごしやすい環境を作る

終章 良きメンターになる 79

① "注目のパワー"を伝える
② 信頼のおける"相談相手"になる
③ 発達支援の"7つ"のポイント
④ 4つの"マスター"になる
　1）共感力 マスターになる
　2）選択力 マスターになる
　3）約束力 マスターになる
　4）ごほうび マスターになる

あとがき 94

発達の凸凹とペアレント・トレーニング

　ペアレント・トレーニングに入る前に、最近の発達障害の考え方について、お話ししたいと思います。

　子どもの発達というのは本来、凸凹したものです。ある年齢のところでしばらく留まっている部分があれば、ある部分だけが大人っぽかったりすることもあります。そういう意味で、発達障害ではなく、発達マイノリティや発達失調と表現されることもあります。いずれも、行き過ぎた＜障害＞という診断に対して、警鐘を鳴らすためのものだと思います。

　私自身は、発達障害を疑われ、あるいは発達障害を心配して外来を受診された時は、次のようにお話ししています。

　「まだ、発達途上の子の、ある一点をとらえて発達障害と診断することは適切ではありません。子どもの発達は、みんな凸凹しているのがあたり前です。大人だって凸凹はあります。でも今、支援が必要であるかどうかは判断します。そして、支援が必要であるならどんな支援が適切であるかを、園とも連携しながら考えていきたいと思います。」

● "発達障害" という診断名と治療

　発達障害の診断方法は、カテゴリー診断学と言われる比較的新しいもので、1980年のDSM-Ⅲ（アメリカ精神医学会の診断と統計のためのマニュアル）から採用されています。カテゴリー診断学というのは病気の原因と関係なく、あるいは原因がよくわからないので、子どもたちの行動パターンから診断を考えるというものです。

　つまり、原因がよくわからないけれども、とりあえずいくつかの症状をあげて、

あてはまるものがあればその病気と診断しようということになりました。このようなカテゴリー診断の欠点は、過剰診断になりやすいことです。特別な検査が必要なわけではないので、誰でも診断を疑ったり、診断名をつけたりすることができてしまいます。

「ことばの遅れ」があり、「視線が合いにくく」て、「自分で取れる物でも親の手をとって取らせようとする」という行動があてはまるだけで、"発達障害"という診断に乗り遅れまいとするかのように、性急に診断名が求められたり、時には診断だけがつけられてしまうようなことが、とても増えています。過剰診断とは、言いかえれば親に過剰な不安、あるいは無用な不安を与えることを意味します。親の不安ほど子どもを不安にし落ち着かなくさせるものはありません。

子どもだけではなく大人だって、人間というのはみんな凸凹しています。でも、うまくできないことや人とちがっていることだけでは、病気でも障害でもないはずです。

● "発達の凸凹"への気づきと支援

診断、とくに早期診断というのは、本来治療と一体でなければならないはずですが、診断だけつけられて、「治療法はありません」と言われてしまうことも少なくありません。あるいは、「発達障害かもしれませんので専門機関に受診してください」と言われても適切な医療機関が見つからなかったり、医療機関を受診しようとしてもなかなか予約がとれず、何カ月も不安な状態を過ごさなければいけなくなっています。大切なのは、あくまで支援が必要かどうかです。「適切な支援や療育があれば、診断は必要ではない」ということは、児童精神科の多くの先生がたが述べられています。

では、発達の凸凹の子どもたちへの支援はどうすればいいのでしょうか。そのひとつが、ペアレント・トレーニングです。1970年頃からアメリカで実施され、その有効性が科学的に証明されている方法です。

基本的な考え方は、子どもの「行動」に焦点をあて、肯定的な「注目」を増やすこと。そして、子どもが過ごしやすいように、子どもがわかりやすく取り組みやすい対応の方法をまわりの大人が「学ぶ」ことにあります。この考え方は、発達の凸凹の早期の気づきと、その凸凹に対する支援の方法にとてもよく合致しています。

　発達の凸凹が生まれる背景には、子どもたちのさまざまな発達特性や認知特性があります。支援にとって最も大切なことは、その特性を変えるのではなく、その特性のために生じてくる行動の問題、つまり、その場や状況に応じた適切な行動ができにくいということを予防したり改善したりすることです。そうすることにより、本来子どもの発達特性だけでは起きるはずのない反抗や不登校、ひきこもりなどの二次障害を予防することがとても大切です。

● 私たちが発達障害と呼んでいる「症状」

　A君は、聴覚の過敏性もあり、認知の特性として、耳から入ってくる音がすべて同じ情報量と感じてしまいます。そのために、今は「1＋1は？」というのが答えるべき最も大切な情報という暗黙の了解がとても難しく苦手です。

　もし、「1＋1は？」と、犬の「ワンワン」という声と、となりの教室の「アップル！」という声が、すべて同じ情報量として頭に入ってきたら、あなたならどうしますか？

- 「1 + 1は？」とくりかえす
- 空を見あげる
- 目の前で手をひらひらさせる
- 「トーマスは今日はついていませんでした」と言う
- となりの教室を見に行く

　これらの行動は、それぞれエコラリア（オウム返し）、奇妙な行動、意味のないフレーズ、多動性と定義されています。

　すべて、発達障害と診断する上での症状と言われるものです。では、余分な刺激をなくし、ひとつの情報だけが入るような環境にしたらどうでしょうか。

　つまり、私たちが発達障害の症状と呼んでいるのは、子どもがどうしていいかわからなくて困っている状態ということになります。

　しかし、その行動をよく観察していると、どうしていいかわからない不安を、子どもが自分の小さな世界の中で解決しようとしている姿にも思えます。多くの場合にこのふるまいが、"こだわり"ととらえられてしまいます。

　もし、子どもの環境や子どもへの伝え方をわかりやすくすることで、これらの「症状」がなくなるのであれば、診断は不要になります。

● 行動を直すのではなく、行動をしやすくする

　うまくできないことや人とちがっていることが、劣っていることではないように、発達特性や認知特性だけでは障害とは言えません。このことは、DSM-5（精神疾患の診断と統計のためのマニュアル第5版・2013年）にも反映されています。

　自閉症やADHDは、知的障害も含めて神経発達症としてまとめられ、特に自閉症は、自閉症スペクトラムという名称がつけられています。その中で、自閉症スペクトラムはさらに3段階に分類されていますが、それは重症度や治療法による分類ではなく、「支援の必要度」によって分類されています。

　つまり、私たちが自閉症スペクトラムの症状と呼んでいるものは、行動の異常ではなく、その子をとりまく環境において、その状況に適切とされる行動ができずに困っている状態ということになります。

　大切なことは、その行動を直すことではなく、子どものまわりの環境を整えたり、必要な情報を子どもにわかりやすく伝えることで、子どもが行動しやすくすることです。

 自閉症スペクトラムって何？

　DSM-5は、2013年5月に改訂され、それまで「通常は、幼児期、小児期、または青年期にはじめて診断される障害」と呼ばれていたものを、下に示すように「神経発達障害」として分類し直しました。

神経発達障害	① 知的障害；生活適応能力による重症度判定 ② コミュニケーション障害 ③ 自閉症スペクトラム；支援の必要度による分類 ④ 注意欠如／多動性障害 ⑤ 特異的学習障害 ⑥ 運動障害（発達性協調運動障害、チック障害など） ⑦ その他

自閉症スペクトラムという診断名は、このDSM-5から登場しました。スペクトラムというのは連続体を意味します。
　わかりやすく示すと、下図のように重度の自閉症から、高機能自閉症、ことばの発達の遅れがないアスペルガー症候群を含みますが、虹を作る光の波長のような基準はなく複雑に連続した変化であるという意味を包含します。それは「正常群」へとさらに連なって行きますから、当然ですが境界領域のアスペルガー症候群が非常に増えることになります。

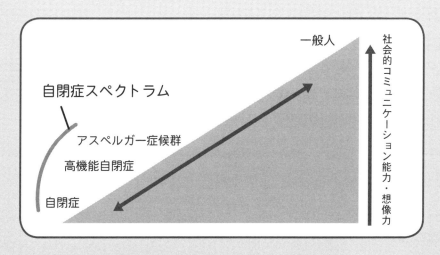

　DSM-5から大きく変更された自閉症スペクトラムの診断基準がもうひとつあります。改訂前は、自閉症の症状は発達早期の段階でかならず出現されているとされていましたが、「後に明らかになるものもある」という表現が追加されました。「大人の発達障害」という概念が、本来境界線の引けない子どもの発達過程を、さらに自閉症スペクトラムへとシフトさせている気がします。

● 子どもと先生と親が、できたよろこびを共有する支援

　現在、日本で行われているペアレント・トレーニングにはいくつかの方法があります。ペアレント・トレーニングは、名前の通り親を対象にしています。数人のグループを対象として行うのが一般的ですが、個別に行うこともあり、最近は、保育士や教師のためのティーチャーズ・トレーニングもあります。この本は、保育士さんや小学校低学年の先生がたを対象に書いたものですが、ペアレント・トレーニングと呼んでいます。

親であろうと、先生であろうと、子どもたちへの関わり方に大きなちがいがあるわけではありません。ペアレント・トレーニングの最大の特徴は、子どもへの肯定的なまなざしにあります。今できていることに注目してほめること。それは、ほめるうれしさと、ほめられるうれしさという同じ感情を共有するという、子どもとの関係性の発達の原点です。

先生がたが、子どもたちの存在をあるがままに受けいれ、子どもたちが過ごしやすい関わりを作っていくこと、そして、親に子どもたちの成長を伝え、共によろこび合える時間や場所をもてること。

その支援に、発達の途上にある子どもたちの行動だけをとらえて"発達障害"という診断名をつける必要はありません。

● ペアレント・トレーニングの基本的な考え方

この本で行うペアレント・トレーニングの基本的な考え方は5つです。

基本的な考え方

1）子どもの行動を変える
　＝状況に合わせた適切な行動を増やす
　＝状況にそぐわない行動を減らす

2）子どもの行動を変えたいと思う時、
　まず大人の関わり方を変える

3）上手な関わり方の第一歩は、
　肯定的な ○注目○（うれしさを共有する）をもった対応ができること

4）注目するための具体的な ○観察○ の方法を学ぶ

5）行動の ○原因○ を考え、○環境○ を整え、対応策を考える
　→うまくできればすかさず注目してほめる

○で囲んだ、注目、観察、原因、環境について、それぞれ名人になる方法を、これからいっしょに学びましょう。

1章

注目名人になる

支援プログラム1　子どもの行動に注目してほめる

支援プログラム2　今できている行動に注目する

1 うまくできる時と うまくできない時は 紙一重

子どものキモチ

　大人でも、子どもでも、「うまくやろう」、「うまくやれるようになりたい」というパワーを引きだしてくれるものは、自分が注目されていると感じられることです。

　大人なら、会社で、「いつもがんばってるね」と上司から声をかけられる。誰も見ていないと思って部屋を整理していたのに、「きれいになったね。ありがとう」と言われれば、またがんばろう、またやってみようと思うのと同じです。

　自分が注目されている、認めてくれている。子どもにはまだその感覚は、はっきりと自覚はできないかもしれません。でも、それを伝えることはできます。「ひとりでできたね」、「手をつないでいると安心だね」、「全部食べたね」、そう語りかけてくれる保育士さんの顔は、とてもうれしくてまた見たいと思います。ほめることで、ほめられることで同じうれしさを感じることが注目のもつパワーの元なのかもしれません。

子どもの行動に注目してほめる

「良い行動に注目しましょう」、「いっぱいほめてあげましょう」と言われても、子どものどこに注目して、なんて声をかければいいのだろうと思われるかもしれません。うまくできないことや、こちらの思い通りにしないことは嫌でも目に入るし、「早くしなさい」、「何度言えばできるのかな」、「座りなさい」ということばは自然にいくらでも口から出てきます。

おかげで、子どもがふつうにできていること、ちょっとがんばっていることにはなかなか目がいかず、目に入ったとしても、ふだんの様子を見ていると、「うんまあ、今日はなんとか無事に過ごせているか」と声をかける気力もないかもしれません。

でも、ここは大人の余裕をとり戻し、せめて均等に注目して声をかけてあげたいところです。注目する方法はかんたんです。

 子どもの行動を 3 つに分ける

あらためて、子どもの行動を 3 つに分けて書き出します。

3つの行動
- （1）好ましい行動
- （2）好ましくない行動
- （3）危険な行動

● 好ましい行動なんてあったかな？

　ここで好ましいというのは、何か特別に上手にできることではありません。ごく日常的なありふれたことです。ふつうにできていることというのは、あたり前すぎて意外に気づかないものです。

　3つの行動を下のように置きかえて考えてみると書きやすくなります。

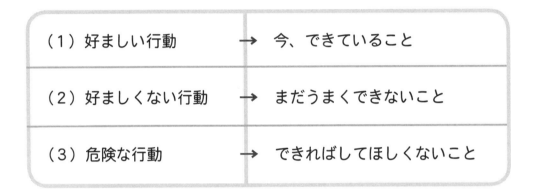

　好ましい行動なんてあったかなと思いながらも、実際に書き出してみると気がつくことが2つあります。

　ひとつは、「まあまあがんばっているところ」、「ふつうのことだけど、できていること」がけっこうあるということです。もちろん、減らしたいことも、してほしくないこともいっぱいあると思いますが、いいところを書き出してみると、子どものことをあらためて少し見直すかもしれません。

　もうひとつは、「同じような場面なのに、うまくできたり、うまくできなかったりすること」があることに気がつきます。

　たとえば、他の子と遊んでいる時に、おもちゃをゆずってあげてうまく遊んでいる時もあれば、急におもちゃを取りあげたり、手が出てしまうことがあります。そんなふうに、1日の中でも行動に波があるのが子どもの特徴ですが、それにもかならず子どもなりに理由があります。

◯ 実際に、保育士さんの書いたD君を見てみましょう

● 子どもの行動を3つに分ける

なまえ　Dくん　　　　　　5 歳

好ましい行動 （今、できていること）	好ましくない行動 （まだうまくできないこと）	危険な行動 （できればしてほしくないこと）
小さな子どもの世話をする	「先生なんかきらい」 と言う	先生をたたく
手をおひざにして待つ	友だちのおもちゃをとる	つねる、かみつく、 つばをはく
集団ゲームで 他児を応援する	着脱の意欲がなく、 嫌がる	おもちゃを投げてこわす
登園した時 機嫌よくあいさつする	流れから遅れて行動する ホール移動も1人で残る	部屋を出て道路にとび出す
ボタンをかけちがう ことなく衣服を着る	わざと他児と ちがう行動をする	高い所や、柱に登る
友だちにおもちゃを 貸してあげる	みんなで集まると落ち着き なく動きまわる、体がふら ふら動いてしまう	
順番を守って ブランコにのる	汚いことば、「しね」、「う ざい」、「くそばば」を使う	
おもちゃをかたづけるのが 早い		

● 子どもにも、大人にも、行動には波がある

　書き出してみると、D君、けっこういいところありました。ほめどころ満載です。さらに、好ましい行動と好ましくない行動を比べてみると、「手をおひざにして待つ」ことができることもあれば、「みなで集まると落ち着きなく動きまわる、体がふらふらと動いてしまう」こともあります。「友だちにおもちゃを貸してあげる」場面もあれば、「友だちのおもちゃをとる」場面もあります。どちらも同じD君です。

　うまくできる時と、うまくできない時は紙一重なのです。できる力はあるのです。
　もちろん、そこには理由があるのですが、保育士さんには、うまくできない時は嫌でも目に入り、できるのになぜしないのだろうとイライラしたり、注意することになります。うまくできている時も目には入りますが、多くの子どもたちを見ている中では声かけができないかもしれません。
　こんなふうに、うまくできたり、できなかったり、行動に波があるのが子どもですが、これは大人も同じです。
　つまり、できる力はあるのにしないということは、その力を発揮できない、あるいはしにくい環境による影響を受けている状態ということになります。

ペアトレ　行動を3つに分けて書き出してみよう

　実際に子どもの行動を3つに分けてみましょう。クラスの子をひとり考えてください。気になる子の、気にならないところをさがしてみるのがおもしろいかもしれません。

● 子どもの行動を３つに分ける

なまえ　　　　　　　　　　　　　　歳

好ましい行動 （今、できていること）	好ましくない行動 （まだうまくできないこと）	危険な行動 （できればしてほしくないこと）

コピーしてお使いください

2

ふつうの小さな行動こそ注目力がアップする

子どものキモチ

　子どもの行動をあらためて3つに分けてみると、「まあまあふつうにできている」、「子どもなりにがんばっている時もある」と気がつかれたと思います。

　もちろん、まだうまくできないこと、減ってほしいこともいっぱいありますが、大人だって、うまくできる時や、何度やってもうまくできない時があります。まして経験や知識が少なく、自分の行動の結果を予測することなど考えもしない子どもはなおさらです。

　「今は、こういう行動をしてほしい」という時に、うまくできなかったり、何度言ってもやろうとしない時は、嫌でも先生がたの注目度は増大します。しかし、その注目は、子どもにとっては否定的な注目にならざるを得ません。「どうして、できないの」、「なぜ、しないの」と。

　うまくできない行動に注目し、否定されることが多くなればなるほど、子どもは自信がもてなくなって、できることまでできなくなってしまいます。やれることまでやろうとしなくなるかもしれません。あるいは、何をしていいか不安になって手が出てしまうこともあります。

今できている行動に注目する

支援プログラム 2

本当にふつうの小さなことかもしれませんが、ここでは、「うまくできている時」、「少しでもがんばっている時」に注目します。注目する方法は、たったひとつです。

 「できている」行動をことばにする

　3つに分類した行動の、(1) 好ましい行動、「今、できていること」に分けた行動が目に入ったら、すかさずその行動をことばにして子どもに声をかける、それだけです。ただ、この時のことばのかけ方に、ちょっとしたコツがあります。

ことばかけのコツ
（1）　1割ルール
（2）　行動を短くことばにする
（3）　間接的にほめる
（4）　感謝する

（1）　1割ルール

> 好ましい行動にとりかかったり、とりかかる様子が目に入ったら、すかさずことばにする。

　「片づけたね、ありがとう」「順番待っているね」。とにかく早めに声をかけるという意味で、これを「1割ルール」と言います。

　早めに注目して認めることで、注目度はさらに上がり、子どもは安心して行動をつづけることができます。

　できなくなってからではなく、できているうちが声かけ時です。とにかく早めが命なので、0.5秒ルールと呼ぶこともあります。どんなに立ち歩く子でも、0.5秒は座っています。「座ってるね」と声をかけてほめてやります。

（2）　行動を短くことばにする

> とにかく短く、いいなと思った行動、
> それだけをことばにする。

　とてもふつうのことです。できてあたり前かもしれません。でも、「あいさつすること」、「くつを、げた箱に入れること」、「ひとりですること」、「自からやること」、先生がたがうれしいと思ったこと、自分が注目されていることが、子どもにわかりやすく伝わります。ほめるという意識より、「先生、それうれしいよ」「ちゃんと見てたよ」ということを伝えるという気持ちがいいと思います。
　そう言ってくれる時の保育士さんや先生の表情が、子どもたちはうれしくて大好きです。また見たいと思います。

（3） 間接的にほめる

　登園してきた時に、「昨日、苦手なやさい食べたんですよ」と、お母さんから報告があります。その時は、たとえ、どんな小さいことでも、
「やさい、食べたんだって、お母さんとてもよろこんでいたよ、えらかったね」
と、子どもに伝えてください。
　子どもにすれば、大したことをしたと思っているわけではありません。それをお母さんが先生に報告してくれて、先生にもほめてもらえれば、お母さんに直接ほめられた時よりも2倍も、3倍もうれしく感じます。
　「また、やさい食べようかな」と、思います。

（4） 感謝する

感謝の気持ちを素直に伝える。

　子どもといえども、「助かったよ」「ありがとう」「役に立つね」と、感謝の気持ちは素直に伝えます。

　大人と同じように年長さんくらいになると、自分が必要とされる感覚はとてもうれしいものです。「ありがとう」というのは不思議なことばです。「ありがとう」は、未満児さんや年少さんでもけっこう伝わる気がします。ことばが話せない小さな子どもでも、言われるとうれしそうです。うれしければまた同じことをしようと思います。

　「ありがとう」と言う時の、人の表情や想いには、何か年齢を超えた普遍的なものがあるのかもしれません。

● ことばにしなければ、注目は伝わらない

　ものすごくがんばれば、最後までかんぺきにできれば、いっぱいほめられます。子どものほうも、「これはさすがにほめてくれるだろう」と内心期待しています。
　いま注目したことは、どれもふつうの小さなことです。靴箱のふたを閉めるとか、制服をたたむとか、ひとりで手を洗うとか、子どももほめられることなど期待していないかもしれません。でも、そんな時に「ふた閉めたね、ありがとう」、「自分でたたんだね」、「ひとりで洗ったね」と声をかけられれば、「こんなことまで見ているんだ」、「こんなことが先生はうれしくて声をかけてくれるのだ」と、心に思います。
　ことばにしなければ注目は伝わりません。うまくできている時、ちょっとがんばっている時こそ、声かけどきです。ごくふつうの小さなことこそ、自分に注目してくれている、自分を見守ってくれていると強く感じます。その子どもの気持ちは、かならず次の行動につながります。

● わかりやすく伝えると、子どもは反応しやすい

　よく声をかける時に、「ちゃんとできたね」、「えらいね」とか「すごいね」ということばを思わず言いますが、子どもには意外にわかりにくく、伝わりにくいのです。「ちゃんと」とか、「すごい」と言っている先生のほうは、どこが良くてほめたということはもちろんわかっていますが、子どもには、どの行動が注目されたのかがわかりにくくなります。
　ほめるというより、「いいと思った行動」だけをことばにする。えらいねとか、すごいねとか、たとえ言わなくても、その気持ちは先生の表情や声で、十分すぎるほど子どもに伝わります。
　わかりやすく伝わるほど、子どもも反応しやすいので、そこからまたコミュニケーションが広がっていきます。思わず、「すごーい！」と叫んでしまうのは、もちろんOKです。

声かけを書き出してみよう

　では、注目の力を試してみましょう。今日から、好ましい行動に注目することを意識します。できれば、好ましい行動だけに注目するくらいのつもりでもいいかもしれません。

　「声をかけなければ」と、無理をする必要はありません。叱らなければいけない時は叱ってください。でも、いいなと思う行動が目に入ったかぎり、実況中継のようにそのままことばにして声をかけましょう。声をかけたら、後で書き出しておきます。「こんなこともできるようになっていたんだ」とか、「こんな反応するようになったんだ」とか、あらためて気づかされます。

　先生も声をかけてみて、うまくできた時と、うまくできなかったと思う時があるかもしれません。それがわかるだけでも、子どもの気持ちにちょっと近づけるというものです。

　参考に、保育士さんが書かれたものの例をあげます（次ページ）。

　この声のかけ方が正解というわけではありません。「ふた閉めたね」だけでいいんじゃないかなとか、「ちゃんと座われてるね」ではなく、「背中まっすぐだね、シャキーン！」のほうがわかりやすくないかなとか、子どもに合った声かけを見つけてください。

○ 実際に、保育士さんの書いたK君を見てみましょう

● 好ましい行動を見たらほめる

なまえ　Kくん　　　　　　　4 歳

日時	注目してほめた行動	どんなふうに声をかけた	子どもの反応
6/7	靴のふたを静かに閉めた	「靴の箱のふたを静かに閉められたね」	笑顔で「うん」と返事した
6/7	衣類をたたんだ	「きれいにたためたね」「いっしょに先生もやろう」	肌着、Tシャツ、ズボン、全部たたもうとした、そしてビニール袋に入れた。
6/9	片づけをした	「えらい、ちゃんとブロックを箱に入れられたね！」	うなずいたあと、他の物の片づけをつづけた。
6/10	給食をはしを使って食べようとする	「Kちゃん、おはしで食べられるんだ、すごいね」	「今度から、おはしでがんばるね」と言い、うれしそうにしている。
6/10	朝の会の時、名前を呼ばれるまで良い姿勢で、ちゃんと座っている	「かっこよく、座れてるね！」	より背筋を伸ばし、良い姿勢を保とうとした。
6/10	泣いている子の頭をなでた	「やさしいね、ありがとう」	もっと、いろいろやってあげようとする。
6/11	ていねいに手を洗った	「きれいに洗えて、バイキンいないね」「ピカピカだね」	次からも、ていねいに洗うようになった。洗ったあと手を見せてくれる。
/			

● 注目してことばにするほうにも良い効果が

　実際にやってみると、その効果に驚かれると思います。好ましい行動に注目する効果は、実は注目するほうにもあります。

　好ましい行動に注目し、声に出すことばは、言うほうにも気持ち良くうれしいことばばかりです。そんなことばを口にすることで、なんとなく心が落ち着きます。注目されることで、子どもには安心感が生まれ、好ましい行動に注目することで大人には気持ちの余裕が生まれます。そんな余裕が、さらに子どもを過ごしやすくしてくれていると思います。子どもが過ごしやすいということは、大人も過ごしやすいということなのです。

　そして何よりも、ほめるうれしさ、ほめられるうれしさ、同じうれしさを共有することが、先生と向かい合う気持ちを育ててくれます。

● 肯定的な注目の力は無限大

　園の中でうまくできないことは、どうしても気になります。集団の中であるほど目につきます。そんな行動に対する注目は、残念ながら肯定的な注目にはなってくれません。どうしても否定的な注目になります。

　「もう、みんな準備できているよ」、「静かに座っていなさい」、「なんど言ったらできるの」、「早くしなさい、おいていくよ」、言っているほうの気持ちが良くないのに、言われているほうの気持ちが良いわけはありません。その気持ちは、やろうというパワーや、がんばろうというエネルギーを子どもから減らしても、増やしてはくれません。

　日常のなんでもないこと、ありふれたふつうのこと、何気なく自分でやったこと、もちろんがんばったこと、そのことに先生がたが、「見ていたよ」、「よかったよ」、「うれしいよ」、「ありがとう」と声をかければ、みんなパワーが湧きます。

　そんな肯定的な注目の力に限界はありません。好ましい行動に注目しているうちに、好ましくない行動が何もしなくても減ってきたように感じられたと思います。

● 注目名人になった先生がたの感想があります

- 自分のほめ方次第で、子どもの様子が変わっていくのでよく観察するようになった。1回ほめるだけでも、子どもが継続して手伝いしてくれたり、行動が変わっていった。

- ほめることで、その行動を何度かくりかえすことがあった。

- 子どもがうれしそう、楽しそうなことが増える。

- つい否定的に見てしまうことを、肯定的に見ようと意識が変わる。

- 子どもをほめること、保護者をほめることで相乗効果になってとても良いです。子どものほめた部分を、保護者に伝えることで家でのコミュニケーションになっている。

- 子どもに良いところがあることに気づけた。

- 子どもが好ましくない行動をした時、注意したり、良くないところに目がいってしまいがちだが、ほめることを意識することで、良いところも見つけられる。子どももほめられてうれしくなり、好ましくない行動が減ってくると思った。

ミラリング、モニタリング、パラレルトーク

　お母さんがたが赤ちゃんと接する時、何気なくしている3つの関わりがあります。

　1つは、子どものした動作をそのまま真似る。赤ちゃんがおもちゃで床をトントンと叩いたら、お母さんも同じようにするミラリングと言われるものです。

　2つ目は、子どもの出した声をそのまま真似て返す。赤ちゃんが「アブー」と言ったら、「アブー」と真似るのでモニタリングと言います。

　3つ目は、子どもの状態や気持ちを代わりにことばにする。赤ちゃんがおやつを食べておいしそうにしたら、「おいしいね」と言います。これをパラレルトークと言います。

　注目名人で、「できている」行動をことばにして伝えることを学びました。伝えたいのは、「先生、それ見ていたよ」、「ありがとう、うれしいよ」という気持ちです。子どもはそれを感じ、同じうれしさを共有します。それはお母さんと赤ちゃんの協力と同じです。

　子どもが、今できていること、ふつうのことかもしれないけれどちょっとがんばっていることが目に入ったら、その行動を早めに、短くことばにして伝える。子どもがおもちゃを投げていたら、いっしょに楽しい遊びに代えてしまう。おはようとあいさつをしたら、「おはよう言ったね」と返す。椅子に座ってみんなと食べられたら、「いっしょに食べるとおいしいね」と、うまくできた行動や気持ちをそのままことばにして返す。まさにミラリング、モニタリング、パラレルトークです。

　ミラリング、モニタリング、パラレルトークというのは、決して赤ちゃんの時だけではなく、その後もずっと共有されるコミュニケーションの基本であり、ペアレント・トレーニングの中にしっかり息づいています。

● 好ましい行動を見たらほめる

なまえ＿＿＿＿＿＿＿＿＿＿　歳

日時	注目してほめた行動	どんなふうに声をかけた	子どもの反応
/			
/			
/			
/			
/			
/			
/			
/			
/			

コーピしてお使いください

2章

観察名人になる

支援プログラム3　行動を分析する

支援プログラム4　行動の法則をみる

3 行動にはかならず意味がある

子どものキモチ

　子どもの行動を3つに分けてみることで、うまくできている時と、うまくできない時があることがわかっていただけたと思います。ではなぜ、うまくできたり、うまくできなかったりするのでしょうか。

　大人でも、そんな行動の波はあると思いますが、おそらくこれまでの経験やうまくいかない時の予測をもつことで、小さな波にできているのだと思います。逆に子どもは経験もないし、ましてうまくできなかったらどうしようなど考えるはずもありません。当然、結果として行動の波は大きくなります。その大きな波は、園の活動や子ども集団の中では、さらに増幅されるかもしれません。

　それは大人から見れば、時に理解不能な、理不尽にさえみえる子どもの行動にうつります。しかし、そんな行動にも絶対に子どもなりの理由があります。意味のない行動はありません。

支援プログラム 3

行動を分析する

● 行動の理由がわかれば、関わりやすくなる

いったい行動とはなんでしょうか？

行動分析学によれば、＜行動は、個人と環境の相互作用である＞と言います。それは、赤ちゃんであろうと、子どもであろうと、大人であろうと変わりません。個人と環境などというと難しく聞こえますが、決して難しい理論ではありません。

人間の赤ちゃんが、お腹がすいて泣くのは、泣けばその生理的な欲求を安全に満たしてくれる環境が身のまわりにあるからでしょう。ライオンの赤ちゃんが、親がまわりにいない時に泣けば、たちまち他の動物のえさになってしまいます。

子どもが、いくら注意しても宿題をせずにゲームばかりしているのは、宿題をしても、あまりイイと思えることがないからかもしれません。お父さんも夕食が終わると、自分の部屋に閉じこもってゲームに夢中です。

お父さんが、会社が終わってもまっすぐ家に帰らずに毎日お酒をのんでいるのは、その方が楽しいからです。お酒の力を借りて、しばらくの間色々な嫌なことを忘れることができます。

行動の理由がわかれば、もっと関わりやすくなるはずです。その行動への対応を考える手がかりになります。それを考える方法のひとつが応用行動分析です。

ペアレント・トレーニングは、この応用行動分析にもとづいています。うまくできる時には、うまくできる理由があり、うまくできない時には、うまくできないだけの理由があるということです。

子どもの行動を、応用行動分析の理論にもとづいて観察します。その観察から、子どもがうまくできない時にはどんな理由があり、うまく過ごせるようになるためには、どう関わればいいのかということが少しずつ見えてきます。

How to 「行動のＡＢＣ」を見よう

　分析というと、なんだか難しくて面倒くさいように聞こえますが、決して難しいものではありません。ＡはAntecedent stimulus（先行刺激）、ＢはBehavior（行動）、ＣはConsequent stimulus（後続刺激）の頭文字で、つまり行動には、それを引き起こす先行刺激があり、その行動の結果得られる後続刺激がある。それを「行動のＡＢＣ」と言います。下のように、Ａ、Ｂ、Ｃを"きっかけ"、"行動"、"結果"と考えてみましょう。

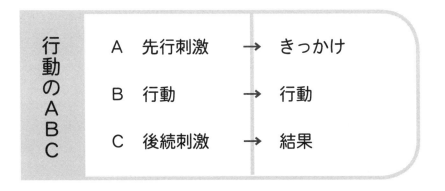

　つまり、「行動にはかならず意味がある」ということは、大人には一見理解不能に見える子どもの行動にも、かならずその行動を引き起こすきっかけがあるということです。
　あるいは、その行動をとるわけがある、もしくは、その行動の結果として手に入る状況に原因がある。それらの理由が、単独で、あるいは複合して、ある行動を導き出しているということになります。

このように、行動の前後に注目して行動を分析するので、この方法をＡＢＣ分析と言います。実際の例をあげてＡＢＣを見てみましょう。

> ──ある日の保育園のできごとです。天気がいいので、園庭で遊ぶことになりました。先生が「みんなお外に出るよ」と言うと、Ｆ君は、椅子の上に登って大声で「ダメー」と叫びはじめました。先生はＦ君のところに行き、「ほら、お外に出るよ」と何度も声をかけますが、ますます大声を出し、まわりの子どもたちも、「うるさーい」と叫びだしました。先生は仕方なく、Ｆ君を部屋のすみっこに連れて行きなんとか落ち着かせ、手を引いて外に連れ出しました。

　この行動のＡＢＣは、次のようになります。

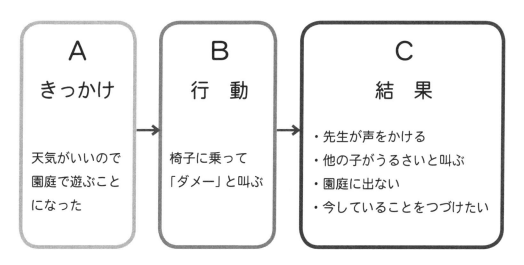

　"行動"は、突然椅子に乗って「ダメー」と叫んでいることです。その行動の前に注目してみると、天気がいいので園庭で遊ぶことになったということが"きっかけ"として考えられます。行動の"結果"として子どもが得られるものは、ひとつとはかぎりません。園庭に出なくてよくなる、他の子の反応がおもしろい、先生がそばにきてくれる、今していたことをやめたくないなど、いくつかの結果が考えられます。

対応と対応の反応を書き出す

　子どもの行動の前後にあらためて注目してみると、「なんで急に椅子に乗って叫ぶのだろう」から、「だから、椅子に乗って叫んだのかも」と考えられることがあると思います。

　ただ現実的には、今、目の前で起きている行動に対してその場で分析などしている余裕はありません。とりあえず、なんらかの対応をしなければなりません。少し時間ができたら、その場で保育士さんが行った対応と、その対応に対する子どもの反応やその後どうなったかもいっしょに書き出してみます。

	A きっかけ （行動の前の状況） →	B 行動 →	C 結果 （行動の後の状況）
1	天気がいいので園庭で遊ぶことになった	椅子に乗って「ダメー」と叫ぶ	・先生が声をかける ・他の子がうるさいと叫ぶ ・園庭に出ない ・今していることをつづけたい
	どんな対応をした	子どもの反応は？	その後、どうした
2	先生が何度も「降りなさい」と声をかける	ますます大声で叫ぶ	部屋のすみっこで落ち着かせ、なんとか先生といっしょに園庭に出る

観察名人になると

　起きてしまった行動はもちろん、もう元には戻りません。でも、子どもの行動をABC分析して、前後に注目してみることで、子どもの行動だけではなく、その原因や子どものまわりの環境に目を向けることができます。さらに、その行動への対応と先生がたの対応に対する子どもの反応を思い出してみることも、観察の重要なポイントです。

観察名人になると	・その行動が起こる場面を、予測しやすくなる ・先生がた全員で、子どもの行動を共通理解しやすくなる ・今、どんな対応をしているかが明らかになる ・その行動の原因を考える手がかりになる

4 行動にはかならず法則がある

子どものキモチ

　ＡＢＣ分析からわかるように、行動はそれだけが突然起きるものではありません。やはり、行動は個人と環境の相互作用として生まれるものであって、子どものどんな行動にもかならず意味があることがわかります。

　子どもにとって、園という環境には家庭とはまたちがった、とても多くの要素があります。たとえば、突然の予定の変更、他の子との関わり、集団でしなければならない行動、泣いている子や先生の怒っている声、全員に一斉に伝えられる指示。いずれも子どもの気持ちとは関係なく起きる状況です。

　子どもが、「なぜ、こんなことをするのだろう」、「どうしてうまくできないのだろう」と思ったら、ABC分析をしてみます。

行動の法則をみる

ABC分析をすることは、さらに次のようなメリットがあります。

ABC分析のメリット

A　行動の前に注目すると

- その行動が起きるきっかけや場面を予測しやすくなる
- その行動を起こさないように、事前の対応が可能になる

B　行動に注目すると

- 適切な行動をするためのスキルの獲得の有無について、あらためて見直せる
- 「代わりにしてほしい行動」を、考えることができる

C　行動の結果に注目すると

- 子どもが何をのぞんでいるかを、推測することができる
- なぜ、子どもがその行動をしたのか理解することができる

● ＡＢＣ分析における「行動の法則性」

　ＡＢＣ分析には、もうひとつ重要な側面があります。行動は、一つひとつ完結するものではなく連鎖していきます。行動の結果として得られたものが、またその前の行動に働きかけ、その行動を強めたり弱めたりします。

　行動の結果、好きなことが増える、あるいは嫌なものがなくなれば、その行動は増強されます。逆に行動の結果として、好きなものがなくなる、あるいは嫌なことや苦手なものが増えるのであれば、その行動はなくなってしまうでしょう。

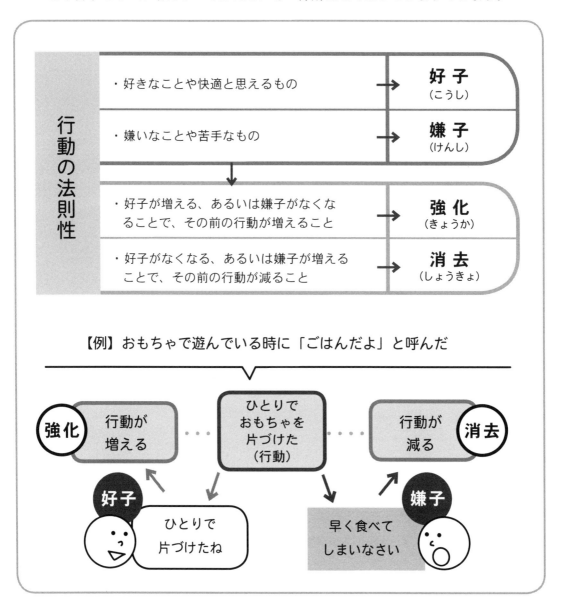

これを、ＡＢＣ分析における「行動の法則性」と言います。

　日頃の私たちの行動を考えても、あたり前と言えばあたり前のことです。この行動の法則性に、子どもも大人もありません。

　多少、専門的かもしれませんが、行動分析学で使われる**"好子"**、**"嫌子"**、**"強化"**、**"消去"**ということばを、日頃のディスカッションの中にぜひ取り入れてみてください。

　たとえば、「D君には、保育士が追いかけることが、"好子"なんだね」、「Bちゃんには、次にすることがわからずに待っていることが、"嫌子"になるのかな」など、最初は抵抗があるかもしれませんが、けっこう行動の意味がわかりやすくなります。

● 子どもの視点に立ってみないと

　"好子"を考える時に気をつけないといけないのは、子どもにとっての"好子"と大人が考える"好子"とはかならずしも一致しないことです。

　先生に注意されたり、叱られることが、子どもにとって"好子"になっていることは少なくありません。下の子が生まれてまたお漏らしがはじまる赤ちゃん返りという現象がそうです。叱られてでも注目してほしいというのは、子どもの視点に立ってみないとなかなか理解しがたいことです。

ＡＢＣ分析と子どもの反応を書いてみよう

　園の生活の中で先生がたが、もっと適切な行動をしてほしいと思うような"問題行動"があれば、その行動のＡＢＣと、その行動に対してどんな対応をして、どんな反応があったかを書いてみてください。もちろん、同じような場面でうまくできている時のＡＢＣ分析をしてみることも役に立ちます。他の子に抱きつくというＣ君の行動を観察してみます。まず、行動の前後に注目（観察名人になります）し、どんな対応をしたかに注目します。

Ｃ君　4歳：他の子に抱きつく

Ａ きっかけ(行動の前の状況)	Ｂ 子どもの行動	Ｃ 結果（行動の後の状況）
絵本の時間に、となりの子に抱きつき、相手の子が嫌がる	嫌がる子に抱きつき、「やめなさい」と注意してもやめない	・相手の子の反応がおもしろい ・先生が注意する ・絵本を聞かなくてよい ・まわりの子が注目する
どんな対応をした	子どもの反応は	その後どうした
子どもに近づいて、「やめなさい」とくり返して注意する	耳をふさいで、床に顔をつけて大声で叫ぶ	となりの部屋に連れていき、クールダウンさせる　落ち着いたらホールに戻す

　このＣ君への対応における、子どもの反応から気づくことがあります。【Ｃ君にとって、「やめなさい」という声かけが有効ではない】ということです。むしろ、とても嫌で、苦手な聞きたくないことばかもしれません。

　「ダメ」という否定的なことばや目の前で手をクロスさせる「バツ」という否定的な動作にパニックを起こす子は決して少なくありません。

● 行動の ABC をみよう

なまえ _____ 歳

A きっかけ (行動の前の状況)	B 子どもの行動	C 結果 (行動の後の状況)
どんな対応をした	子どもの反応は	その後どうした

A きっかけ (行動の前の状況)	B 子どもの行動	C 結果 (行動の後の状況)
どんな対応をした	子どもの反応は	その後どうした

A きっかけ (行動の前の状況)	B 子どもの行動	C 結果 (行動の後の状況)
どんな対応をした	子どもの反応は	その後どうした

コピーしてお使いください

大人の視点、子どもの視点

　子どもの目線で考えてみようとよく言いますが、できているようでできていないことのほうが多い気がします。子どもの事故がそうです。大人のような十分な危険認知を身につけた状態で、体だけ1mになったら、怖くてとても歩けない通学路などいくらでもあります。「気をつけて歩きなさい」と言うことに意味はありません。気をつけても起きるのが事故です。絶対に事故は起こさないという環境を作ることしか、大切な子どもの命を守ることはできないし、子どもに命の大切さを教えることもできません。

　保育園や幼稚園の先生がたからよくお聞きすることを、子どもの視点に立ってみるとこんなふうになるかもしれません。

先生の視点	子どもの視点
・先生の指示が聞けない	・今、やりたくないことを指示される
・他児と関わらない	・ひとりで遊ぶことが安心する
・落ち着きがない	・気になる刺激がいっぱいある
・パニックを起こす	・何をしていいかわからなくて不安
・外に出ていく	・先生やみんなの注目をあびられる
個　人	環　境

　こうして並べてみると気がつきます。事故と同じです。大人の視点は、「気をつけて行動しなさい」と子ども個人に向いていますが、子どもの視点は、「わかりにくい」、「行動したくてもできない」という子どもをとりまく環境にあります。

　「行動を変える時は、子どもを変えるのではなく環境を変える」ことの重要性に気づくことが、子どもの目線に立つことかもしれません。

3章

原因名人になる

支援プログラム5　災難の原因を考える

5 うまくできないことは子どもにとっても災難

子どものキモチ

　注目名人で好ましい行動が増えても、まだうまくできないこと、減ってほしいことはいっぱいあると思います。観察名人になるために、ABC分析を学びました。ABC分析は、行動には法則性があり、行動の前後に注目することで子どもがうまく過ごせない原因を考え、その行動への関わり方を見つける手がかりを与えてくれます。

　大人の私でもうまくできないことはいっぱいあります。まして、経験も知識も少ない子どもたちが、臨機応変に対応することなど不可能と言っていいかもしれません。まして、悪いと思ってしているわけではありません。まだうまくできないことは誰の責任でもありません。子どもにとっても災難です。

　災難であれば、"好ましくない行動"への対応は、もちろん子どもの責任の追及ではなく、原因の究明と、次への対策です。

災難の原因を考える

それでは、年長さんのK君のエピソードを例に見てみましょう。

K君は、少し多動傾向があり、虫が大好きで虫博士と呼ばれています。集中してしまうと切り替えることが苦手ですが、個別に声をかければ、理解はできます。

　ある日のできごとです。園外活動の時間に、図書館へ歩いて出かけることになりました。K君には、一斉指示の後に個別に、「道の右側を2列に並んで歩いていくこと」、「並んで歩く隣の園児とは手をつなぎ図書館に着くまで手を離さないこと」、「列をはみだしたり、ひとりで別のところに行ったりしないこと」を約束して出発しました。

　途中、K君が大きな声で「トンボ見てくる」と言うなり、B子ちゃんの手をほどいて1人でかけだし、道の横の草むらに入っていってしまいました。一番後ろの先生が、あわてて追いかけて行きようやく追いつくと、「珍しいトンボいたんだよ」と、草むらの中でニコニコしています。もっと見たいと言うのをなんとか道路まで連れ戻し、その後は先生が横にずっとひとりついて図書館に到着しました。

● ＡＢＣ分析における「行動の法則性」

　Ｋ君のここでの「問題行動」は、先生と約束していたのに、ひとりで列を離れてしまったことです。この行動のＡＢＣを見てみましょう。
　Ａ（きっかけ）は、先生と約束をして、図書館へ手をつないで出かけたこと。草むらを通りかかった時にトンボを見つけたこと。
　Ｂ（行動）は、トンボを見るためにひとりで列を離れてしまったこと。
　Ｃ（結果）は、珍しいトンボを見つけてうれしかったこと。先生が横について図書館まで歩いたこと。
　では、このＫ君の行動はどこに原因があると考えられるでしょうか。

 行動の原因を考える

・先生の指示が一度にたくさんあり、全部が伝わっていなかった
・珍しい虫を見るとすぐ行動に移してしまうことへの対応ができていなかった

　とりあえず、そんな原因が思いつきますが、行動の原因を考える時は、次のように３つに分けて考えます。

原因を考える
（１）行動の「前」に原因があると考える
（２）行動「そのもの」に原因があると考える
（３）行動の「後」に原因があると考える

　ヒントを参考にしながら、Ｋ君のエピソードをみてみましょう。

（1）行動の「前」に原因があると考える時の **ヒント**

| **ヒント 1** | 社会性やコミュニケーションの力がまだ発達途上 |

- みんなといっしょにすることの意味がまだわからない
- ルールや順番の理解がまだ育っていない
- 何をすればいいのかがわかりにくい

| **ヒント 2** | 好きなことだから、もっとつづけたい |

- 終わりが明確に示されていない
- 次にどうなるかが想像しにくい
- 予告がなく、突然だった
- いつもとちがうことは、すぐに受け入れにくい

3章 原因名人になる

| ヒント 3 | アンテナにヒットしたら、すぐに行動したい |

- まわりの刺激が多すぎる
- 待っている時間が長すぎる

| ヒント 4 | 失敗したくない、うまくできないことは秘密にしたい |

- 不安が強いと、過剰に反応してしまう
- 失敗したくないので、やろうと思えない
- うまくできないことを知られたくなくてふざける

| ヒント 5 | 好奇心が旺盛でひとつのことにこだわっていたくない |

- 注意を向けるものやことがらがありすぎる
- まわりの色々なものやことがらに関心がある

ヒント 6	まわりの指示に従うことが苦手

・指示が多すぎてわかりにくい
・誰に向けられているのかはっきりしない

K君の場合

　K君の場合、一番に思いつく原因は、ヒント③です。なにしろ虫博士と呼ばれているくらいですから。珍しいトンボを見逃すはずがありません。ヒント⑥の可能性も考えられますが、個別にひとつずつ伝えれば、指示は理解できるので、伝え方によります。ヒント①の社会性やコミュニケーションの力はまだ少し凸凹しているかもしれません。

（2）行動「そのもの」に原因があると考える時の ヒント

　社会的なスキルはこれから経験や知識を通して身につけていくことなので、それまではそのスキルを補うための関わりが必要です。以下に、行動に原因があると考える時のヒントをあげます。

| ヒント 1 | うまくできることとできないことが、まだ凸凹している |

- その行動をするスキルがまだ育っていない
- うまくできない時にまわりに助けを求められない

| ヒント 2 | ことばを理解する力や動作を真似る力が、まだ十分でない |

- 理解する力や真似をする力がまだ少ない
- ことばでのやりとりがまだうまくできない

| ヒント 3 | 記憶力や想像する力が、弱い時がある |

- 何をするのか記憶するのが苦手
- 次にどうなるかを想像しにくい

| ヒント 4 | 感覚や運動のバランスが、まだ凸凹している |

- 感覚が過敏で、その刺激を不快に感じてしまう
- 特定の感覚が好き
- 体のバランスが悪く、姿勢を保つのが難しい
- 手先が不器用

● K君の場合

　ヒント①の、自分でしたいことがある時に、「先生に許可を得る」というスキルがまだ育っていないことが考えられます。ヒント③にあるように、その行動の結果を予測することもまだ苦手でしょう。

（3）行動の「後」に原因があると考える時の **ヒント**

　K君のエピソードで、行動の後にあると考えられる原因を考えてみます。珍しい虫を見つけて列を離れることでK君が得られる結果は、

- 大好きな虫を近くで見ることができる　（"好子"が得られる）
- ずっと列を組んで歩かなくてよくなる　（"嫌子"がなくなる）

　行動の後の原因を考える時は、このように"好子"と"嫌子"の変化でみると考えやすくなります。K君の場合、虫に興味があることは確かですが、ずっと列を組んで手をつないで歩くことも少し苦手かもしれません。

　"好子"と"嫌子"を考える時に忘れてならないのは、子どもの視点です。大人の価値観ではなく、子どもの気持ちになってみることがとても大事です。思いもよらぬものが子どもにとって"好子"だったりします。

1	その行動が子どもにとって 良い結果 "好子" をもたらしてくれる

- 行動の結果として得られた状態が過ごしやすい
- まわり（先生あるいは他児）からの注目が得られる
- まわりの反応がおもしろい
- その行動が好きで楽しい

| ヒント 2 | その行動をしていると、嫌なこと"嫌子"が起きなくなる |

- 本人の嫌なことがなくなる
- 苦手なことをしなくてよくなる
- 失敗しそうなことを回避できる

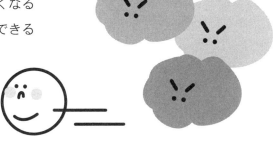

| ヒント 3 | まわりが期待する行動をしない |

- その行動をやっても、子どもにとっていいことが起きない
- ほめられることが子どもの好子になっていない
- その行動をすると嫌なことが起きる

● K君の場合

　珍しい虫を見ることがK君の最強の"好子"なので、ヒント①をまず原因と考えます。K君にそれ以上の"好子"を提示することは難しいかもしれませんが、手をつないで歩いている時に「手をつないでるね」と、注目したり、「あと、少しだよ」と声をかけることで、その行動を強化することができるかもしれません。

3章　原因名人になる

● 次にうまくできればいい

　K君の場合、個別にしっかり伝えれば理解できるのですから、先生が後に並んで、その場で指示をするのが一番だったと思います。でも、環境を変えるということで言えば、「草むらのない道を歩く」というのも確実でわかりやすくていいかもしれません。

　大切なことは、できている時に、「手つないでいるね」、「もうすぐだよ」、「図書館で虫の図鑑見ようね」と声かけすることです。そして、最後までみんなと行動ができれば、「約束守れたね、がんばったね」とほめることで、先生とK君がうれしさを共有できることだと思います。

　そのうれしさが、先生との約束は守る、守りたいというスキルをK君の中に内在化させてくれるのです。

　このエピソードは、「虫を見つけてひとりで列を離れてしまいました」と連絡帳に書かれることになるかもしれません。

　でも、良い悪いという問題行動ではなく、【まだうまくできないことに私たちがどう関われば良かったのか】という視点をもつことで、「珍しいトンボを教えてくれました、本当に虫博士ですね」と書くことができれば、その日の夜は、親もまたうれしさを共有することができ、子どもとの楽しい時間をもつことができます。

　次に、うまくできればいいのです。

● 子どものがんばっている姿を見たら

　ただでさえ忙しいのに、「ＡＢＣ分析なんかすると、原因がたくさんあって大変」と、思われるかもしれません。でも、子どもの行動をＡＢＣ分析してみると、何かしら「これが原因かな」と思われるものに、かならず行きあたると思います。

　ＡＢＣ分析のメリットは、観察名人のところにも書いたように、先生がたが子どもの行動を共通理解できることにあります。ひとりではなく、複数の目で見ることも重要かもしれません。

　もちろん、色々考えて、私たちが原因と思ったことが当たっていないこともあります。毎回同じ原因ともかぎりません。前はうまくいったのに今日は全然だめだったり、なかなか手ごわいこともいっぱいあると思います。子どもにだって都合があるし、日によって色々な想いはあります。

　でも、子どもの行動に対して、"注目名人"になると気持ち良く、"観察名人"になると楽しく、"原因名人"になると余裕をもって、関わることができると思います。

　もちろん一番大切なことは、どんな小さなことでも、子どものがんばっている姿が目に入ったら、「あ、今声かけどきだ」というのを忘れないことです。

一口メモ　モデルは、先生？

　小学校1年のA君は、発達性強調運動障害があり体のバランスが悪かったり、手先が不器用だったりします。センターで理学療法を行っていましたが、6月くらいから「学校に行きたくない」と泣いて、登校の準備もなかなかできないということを相談されました。お母さんが、いくら理由を聞いても、A君は暗い顔になるばかりです。

　小児科の外来で、2人だけにして、「何か嫌なこと言われるのかな」と聞いてみました。A君は、小さくうなずきます。「なんて言われるの」、A君は意を決したように、「ボクが、うまくできないとみんなが保育園に戻れっていう」と小さな声で話しました。お母さんに、そのことを告げて謎が解けました。

　子どもが言うことを聞けないと、「保育園に戻りなさい」というのが、先生の口ぐせだったようです。子どもたちが、思わぬことばや年齢からは考えにくいようなことばを口にする時は、かならず身近にモデルがあることに気をつけなければいけません。

　こんなモデルもあります。「1番病がひどくて困っています」と、先生がたからも親からもよく相談されます。そんな時は、しばらく子どもの世界に合わせて、「早くしないと1番になれませんよ」、「はい、じゃー、1番にしてください」と、1番を仕事にすることで満足すれば勝手に卒業していきます。

　やや姑息な手段ですが、「ゆずってくれたねー」と、2番の子をほめる手もあります。でもちょっと思い出してみてください。子どもたちに、「1番お着替えが早いのはだれかなー」とか、「やったー、1番！」と言っていませんでしたか。

　もちろんいいモデルもあります。「しょう君は、花子先生でないとだめなんだよねー」という先生の声も時どき聞きますが、それは花子先生じゃないとだめなのではなくて、たぶん花子先生の関わり方が、しょう君に合っているのだと思います。

　子どもどうしの関わりが参考になることもあります。その関わり方を、ぜひみんなで参考にしてみましょう。

4章 環境名人になる

支援プログラム6　子どものまわりの2つの環境

支援プログラム7　過ごしやすい環境を作る

6

子どもの行動は個性と環境で決まる

子どものキモチ

　注目名人、観察名人、原因名人をマスターした先生がたが、最後にめざすのは環境名人です。
　「発達障害」や「自閉症スペクトラム」と診断される症状は、その状況や環境の中で子どもが困っている状態、あるいは自分の世界の中で気持ちを落ち着かせるための行動だと最初にお話ししました。

　行動分析学では、行動は個人と環境の相互作用と考えます。子どもは、まだ個人としての発達途上なので、【子どもの行動は、個性と環境で決まる】と置きかえてもいいでしょう。
　では、子どもの環境とはいったいどんなものでしょうか。

子どものまわりの2つの環境

● 個性は変えられないが、環境は変えられる

　子どもが困らない環境を作ることができれば、症状はなくなります。症状がなければ、もはや障害ではありません。その意味では、子どもがうまく過ごせるためには、環境を整えることがすべてといっても過言ではありません。

　個性には、注目することがすべてです。個性という存在は誰かに注目されることではじめて生まれ、発揮されます。そういう意味では、【行動は注目と環境で決まる】と言いかえることもできます。

　注目の大切さは、ここまで何度もお話ししてきましたが、注目というのも環境の一部ですから、子どもの行動を変えようとする時に大切な要素は環境がすべてなのかもしれません。

　個性は変わらないから個性であり、変える必要もありません。環境は変えることができます。

● こだわりは、関わりのチャンス

　子どもたちが行動しやすくするためには、それらの環境をどう整えていけばいいのでしょうか。

　ＡＢＣ分析からわかるように、子どもがうまくできない時、行動をきりかえにくい時は、子どもにとって予測できない状況や、子どもの中にある予定や思いとちがっていることがほとんどです。まわりから見ると、それが"こだわり"のようにうつってしまったり、"気になる"行動に見えるかもしれません。

でも、大人にもこだわりはあります、ただこだわることが自分にとって都合の悪い時には、大人は環境ではなく自分という個人を一時的に変えるスキルを身につけて行動し、やり過ごしているにすぎません。

　こだわることは、決して悪いことではありません。こだわりはむしろチャンスです、その子どもの世界に歩み寄るチャンスです。こだわりを利用して興味や関心を拡げたり、コミュニケーションの手段にすることもできます。

　"気になる"行動の中にこそ、子どもの可能性はひめられているかもしれません。まったくものごとにこだわらない子、まったく気にならない子のほうが、どう関わればいいのか迷うことすらあります。先生に声をかけられたとたんに、何をしていてもすぐやめてしまう子だって心配になります。

● 診断にとらわれないで

　では、子どもにとって予測しやすい環境、きりかえやすい環境とはどんな環境なのでしょうか。保育士の先生がたは、これまでたくさんの子どもたちと接してきた長い経験の中で十分なノウハウを蓄積し、実践されてきています。

　むしろ私たちのほうが、そのノウハウ教えてもらわなければいけないと感じています。ただ、「発達障害と診断された」子を前にして、これまでのノウハウや枠組みが通用しないと感じられているかもしれませんが、絶対にそんなことはありません。診断がついていようといまいと、うまくできないところは支援し、うまくできていることは伸ばして、先生がたとの信頼関係の中で集団生活を学び、「子どもたちが過ごしやすいようにする」という保育の基本が変わることはありません。診断にとらわれる必要などありません。

　では、子どもの行動は環境で決まるとすれば、子どもがうまく行動できるような環境とはどんな環境なのでしょうか。それにはまず、毎日子どもたちが過ごしている環境を具体的に考えてみる必要があります。

How to 環境を2つに分ける

　一般的にわたしたちの環境は、自然的環境と社会的環境の2つに分けられます。園や小学校で言えば、(1) 自然的環境は、子どもたちのまわりに平等に流れている時間と空間であり、(2) 社会的環境は、一人ひとり異なる情報と対人関係と言えます。

(1) 自然的環境 ― 時間と空間から作られる

　子どもにも、わかりやすい時間。子どもにも、わかりやすい空間。それは、どんな時間や空間でしょうか。私たちが、子どもの目線や子どもの感覚をもつことができれば一番いいのですが、残念ながら、大人はその感覚を失うことで大人になります。なんとか想像力を働かせるしかありません。

A 子どもにとって、わかりやすく過ごしやすい　時間

① はじまりと終わりがはっきりしている
② 動と静が適度にくりかえされる
③ 短くもなく、長くもない
④ 次に何をするか予測できる

B 子どもにとって、わかりやすく過ごしやすい　空間

❶ 余分な刺激がない
❷ 注意を向けるものがはっきりしている
❸ 次にすることが明確に示されている
❹ 自分のいるべき場所がわかりやすく確保されている

（2）社会的環境 － 情報と対人関係から作られる

　社会のしくみが複雑になればなるほど、情報のもつ意味は大きくなり、その情報を適正に処理する能力が要求されます。その社会の中では人間関係もますます複雑になり、ストレスにあふれています。

　子どもたちは、そんな社会の変化を敏感に反映します。子どもたちには、その場に必要な、わかりやすく処理しやすい情報、公平性と共感に富んだ人間関係を保証してあげたいと思います。

C　子どもにとって、わかりやすく過ごしやすい　情報

① ことばのように、人によって意味が異なったり一瞬で消えない
② 今、必要な情報が具体的に伝えられる
③ するべきことが、視覚的にいつでも確認できる
④ 自分に向けられていることがはっきりしている

D　子どもにとって、わかりやすく過ごしやすい　対人関係

❶ みんなといっしょにすることが楽しいと思える
❷ 先生のしてほしいことがわかりやすい
❸ 希望を聞いてもらえる、子どもの希望にそっている
❹ うまくできない時にはどうすればいいかいっしょに考えてもらえる

● 小学校は、わかりやすい時間と空間

　多動傾向があったり、先生の指示がなかなか聞けなかったりして保育園や幼稚園でうまく過ごせないと、小学校にあがる時に先生がたも親もとても心配になります。「このまま小学校に行ったら大変ですよ」とかならず言われます。

　でも、ここにあげた時間と空間を読んでもらうと、園よりも小学校の時間と空間のほうが、はるかに子どもたちにとってわかりやすいことに気づかれると思います。

　黒板があって、先生がいて、自分の机とイスの場所が決まっていて、同じ方向を向いています。先生は、「今から大事な話をします。よく聞いてください」と宣言します。活動のはじまりと終わりには決まった通りにチャイムが鳴り、次にすることは時間割でいつでも確認し予測できます。構造的にとても行動しやすい時間と空間があります。

　実際、小学校に入ったとたん、それまでのみんなの心配がうそのように、うまく過ごしている子どもたちをいっぱい知っています。

● 安心して過ごせることが最低条件

　社会的環境ということばは、抽象的で少しわかりにくいかもしれませんが、子どもは空気を読むことや、忖度することは苦手です。ことばはある意味で、とてもあいまいです。わかりやすく、具体的で、確認したい時はいつでも確認できる情報。いっしょに楽しめたり、いっしょに考えたりできる対人関係があればとても安心です。

　子どもであれ、大人であれ、安心して過ごせることは、ものごとがうまくできるための最低条件かもしれません。

子どもはみんな ADHD

　注意欠如/多動性障害（ADHD）は、DSM-5 で行動の障害から発達障害に仲間入りしました。自閉症スペクトラムと併存することもありますが、行動面ではだいぶ異なります。たとえば、園で部屋から脱走した時、自閉症スペクトラムの子どもは呼んでも止まりませんが、ADHD の子どもは振り返ってまた走って行きます。

　ADHD の診断基準にあてはまるような行動をあらためて並べてみます。

・「早とちりする」

・「がまんできない」

・「なんにでも興味しんしん」

・「ごそごそ動く」

・「約束をすぐ忘れる」

・「じっとできない」

・「順番が待てない」

・「見たものはすぐしてみたい」

・「集中力はもって 15 分」

・「思ったことをすぐに口に出す」

こうしてみると、どの程度から症状なのか、あるいは性格なのか迷います。自閉症スペクトラムと同じように、あるいはそれ以上に、どこにも明確な基準はありません。

詳しい診断基準は、インターネットでも検索できます。

アメリカは、いまやADHD国家と揶揄されるくらいで、子どもの7人に1人がADHDと診断されています。その背景には製薬会社のキャンペーンなど色々な理由があるとされていますが、その診断がペアレント・トレーニングのような支援を保証してくれるのであれば悪いことばかりとは言えません。

しかし、ADHDの診断基準は、多かれ少なかれすべての子どもそのものです。それを障害として治そうと特訓したり、ADHDと診断して親を不安にして、適切な関わりがなされなければ、過度の反抗や学習の障害、不登校などの二次障害を起こしてしまいます。

ADHDは、どうするべきかわからない障害ではなく、しなければいけないことはわかっているのに、その通りにできない行動の問題と考えるべきでしょう。それは、行動に注目するというペアレント・トレーニングの考え方にとても合っています。

たとえADHDでも多動性や衝動性は年齢とと共にかならず落ち着いてきます（不注意性は多少残ると言われますが）。大切なことは、二次障害を絶対に起こさないことです。

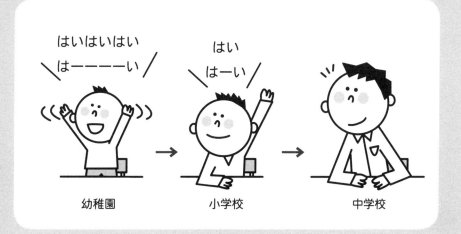

7 過ごしやすい環境が子どもの力を引き出す

子どものキモチ

　子どもは、基本的にエネルギーと好奇心に満ちています。行動力にあふれ、いつだって前向きです。それがうまく使いこなせれば、大人顔負けの力を発揮します。

　こんな、子どもにとって、わかりやすく過ごしやすい時間と空間なら、子どもだけでなく大人にもとても過ごしやすいかもしれません。

　うまくできない子どもへの支援は、すべての子にやさしいと言われますが、子どもだけではなく、まわりの大人にもやさしい環境なのです。

過ごしやすい環境を作る

支援プログラム 7

How to 子どもがうまく過ごしやすい環境を考える

実際の園の生活の中から、具体的な例をあげてみましょう。

(1) 気になるものや、苦手なものがない

 例
- 食事の時は、目や耳から入る刺激を少なくする。
- 廊下のまわりに、余分な物は置かない。
- 運動会でピストルは使わない。

(2) いつでも確認できる視覚的な情報がある

 例
- 予定を視覚的にも示す。（はじめから終わりまで全部見えたほうがいい場合／今することが1個ずつ見えたほうがいい場合／終わったことからなくしていく方法／などがあります。子どもに合わせて使います。）
- 指示やルールなどをカードや写真で示す。
- 片づける場所を区分けして、片づける物の写真を貼っておく。

次の行動が描かれたカード／終わったらはずしていく／マジックテープ

4章 環境名人になる

（3）その場にあった適切な行動を、はじめやすい手がかりがある

- 好きなキャラクター（アンパンマンなど）をカードに使って、それを見ながら手順が追えるようにする。
- 前の活動の終わりと、次の活動のはじまりをわかりやすくする。
- その行動の最初の手がかりに気づかせる。

（4）好きな活動が入っている

- 昼寝や着替えの時は、変身ごっこなどの遊びにする。
- その活動をしたら、おやつを食べることをことばや写真で示す。
- 自由遊びの時間は、作っておいたカードから自分の好きな遊びを選ぶようにする。

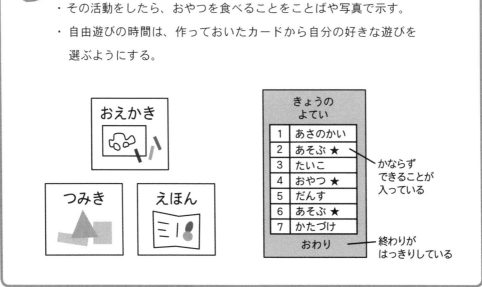

（5）それぞれの場で、適切な行動をしやすいように工夫されている

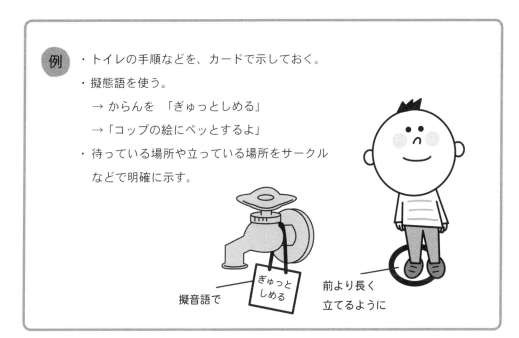

例
- トイレの手順などを、カードで示しておく。
- 擬態語を使う。
  → からんを 「ぎゅっとしめる」
  → 「コップの絵にペッとするよ」
- 待っている場所や立っている場所をサークルなどで明確に示す。

擬音語で　ぎゅっとしめる　　前より長く立てるように

（6）先生の指示がわかりやすい

例
- 一斉指示とは別に、個別に伝える。
- 指示はひとつずつ短く具体的に、今すべき行動を伝える。
- 目線を合わせ、子どもの注意をしっかり引きおだやかに話す。
- 実際に使う物や、写真を見せながら伝える。
- 必要なら、くり返す。
- 他の子をモデルにして伝える。
- 急な予定の変更はさける。

子どもに合った過ごしやすい環境を作る

1　まず、「代わりにしてほしい行動」を考える

　ＡＢＣ分析から子どもの行動の手がかりを考えたら、いよいよ子どもが行動しやすい環境を作る名人になる番です。環境をどう整えればいいのかを考える時は、「問題行動」の「代わりにしてほしい行動」を決めることがとても大切です。

　Ｅ君の例で考えてみましょう。Ｅ君は、「手を洗ってね」と言うとかんしゃくを起こして寝転がったりしてしまいます。でも、すんなりできる時もたまにあるようです。代わりにしてほしい行動は、「先生の指示で切りかえて、みんなといっしょに手を洗う」です。

Ａ きっかけ （行動の前の状況）	Ｂ 行動	Ｃ 結果 （行動の後の状況）
給食の準備ができたので、保育士が子どもたちに、「給食の時間だから片づけして手を洗ってきてね」と言う	「手を洗ってきてね」と保育士が言うとカンシャクを起こす（すんなりできる時もある）	・保育士がそばにくる ・遊びをつづけたい ・先生といっしょに手を洗いに行く ・手を洗いたくない
・手がかりは？ ・どうすればできるだろう	代わりにしてほしい行動 ↓ 先生の指示で切りかえて、みんなといっしょに手を洗う	

2　行動しやすい環境の、手がかりを見つける

　E君の「問題行動」の原因は、色々考えられます。手を洗うということをできる力はあるので、A（きっかけ）に原因があると考えると、先生の指示が伝わりにくいことが考えられます。

　先生は、ちゃんと伝えているつもりでも、E君は手を洗うことは、「好きな遊びをやめること」と思うかもしれません。できる時は、指示がわかりやすかったのかもしれません。先生がたの「手を洗う＝給食」という暗黙の了解が、苦手な子もいます。

　原因の手がかりを見つければ、後はE君の反応を見ながらわかりやすく伝えるだけです。

A´ てがかりは？ → どうすればできるだろう	B´ 代わりにしてほしい行動	C´ ほめた行動
A：先生の指示がわかりにくい ↓ 指示をわかりやすく伝える ・「ごはんの時間だよ」 ・「片づけてね」 ・「手を洗うよ」	先生の指示で切りかえて、みんなといっしょに手を洗う	「手ピカピカだねー」とほめる

　このような関わりがこの先もずっと必要になるわけではありません。手を洗ったことを、しっかり注目してほめてもらえば「手を洗うよ」という先生の声かけが、自然にE君の身についていきます。

●「代わりにしてほしい行動」は、何でしょう？

　もし、E君の「代わりにしてほしい行動」を、「カンシャクを起こさずに過ごす」としてしまうと、対応がまったく異なることがおわかりいただけると思います。

　たとえば、「かんしゃくを起こしたら部屋のすみっこでクールダウンさせましょう」という対応が指示されることがあります。でも、それだけでは「先生の声かけで手を洗う」という行動はいつまでも身につきません。それどころか、「本当は、みんなといっしょにしたい」というE君の希望や、「みんなといっしょにできるようになってほしい」という先生がたの希望とは相いれないものです。

　衝動的に他の子に手が出てしまうトラブルをなくすために、その子どものまわりをついたてで囲うというケースも見聞きします。「ついたての中でトラブルを起こさずにひとりでいる」ことが、「代わりにしてほしい行動」ではないはずです。

● 子どもの「行動の意味」を考えよう

　「カンシャクを起こさない」、「ついたての中でトラブルを起こさずにいる」というのは、実は行動ではありません。それが行動かどうかを考えるヒントとして、＜死人テスト＞があります。死んだ人ができることは、「行動ではない」というものです。「カンシャクを起こさない」、「トラブルを起こさない」というのは、死人でもできるので、行動ではありません。行動でないものが、「代わりにしてほしい行動」になることはありません。

　44ページのC君の例を思い出してみます。となりの子に抱きつくという行動は、C君なりにその場で過ごすためのひとつの方法だと思います。そんな時、「やめなさい」という禁止だけの声かけは、C君をどうしていいのかわからない不安にさせるかもしれません。かんしゃくを起こす代わりに、どう過ごせばいいのか。なぜ、手が出るのだろうか。手を出さずにみんなと遊ぶことが楽しいと思える方法はないのか。抱きつきたくなったら、代わりに保育士と手をつなぐことはできないか。抱きついた時は近づいて、「手はおひざ」と代わりにしてほしい行動を伝えれば、

やめられるかもしれない。そして、手をおひざにしたらほめてあげよう。そんなふうに「行動」をとらえることができればいいと思います。

　今、目の前にある行動を変えようと特訓することは、子どもにも、変えようとする大人にも、ストレスにしかなりません。まして、起きてしまったことは、元には戻らないのですから、大切なのは次です。次に、うまくできればいいのです。

●「どうすれば子どもが行動できるか」を考える

　環境を整える上で、技術や視覚的支援などのノウハウは大切ですが、ひとつ忘れてはならないのは、その支援や支援の方向が、子どもの希望にそっていることです。発信できる力がたとえ少なくても、子どもの思いや希望をなんとかしてくみとる努力をすることなしに、適切な支援は成立しません。合理的配慮というのは、子どもの希望にそうことであって、大人側の希望を叶えることでも、大人の都合を押しつけることでもありません。

　決してあせる必要はありません。「代わりにしてほしい行動」を、どうすれば子どもがしやすいかを、みんなで、あるいは子どもといっしょに考えます。自分のアイデアや、子どもの反応を楽しむつもりでするのが一番です。

　たとえうまくいかなくても、子どもには「自分のことを考えてくれている」と伝わるものがかならずあります。子どもにとって、いつもいっしょに考えてくれる人がそばにいると思えるほど安心でき、力になるものはありません。

　小さなパニックでも、一瞬の叱責でも、それは知らず知らずに子どもの自己評価を下げていきます。子どもの「行動の意味」を考え、「代わりにしてほしい行動」を考え、「どうすればその行動ができるか」を考える。

　そして、子どもがうまく過ごせたら、いっぱいほめてそのうれしさを共有する。うまくいかなければ、次の作戦を考える。それが、早期支援の基本であり、適応行動の問題の予防や改善であり、二次障害を絶対に起こさないようにするための最善の方法です。まず、私たちがよろこびを感じられなければ、子どもたちの成長はその歩みを止めるかもしれません。

● 好ましくない行動があった時どうしましたか

なまえ ＿＿＿＿＿＿＿＿＿＿＿＿＿＿＿＿＿　　　歳

A きっかけ（行動の前の状況）	B 子どもの行動	C 結果（行動の後の状況）
A´手がかりは？ →どうすればできるだろう	B´代わりにしてほしい行動	C´ほめた行動

A きっかけ（行動の前の状況）	B 子どもの行動	C 結果（行動の後の状況）
A´手がかりは？ →どうすればできるだろう	B´代わりにしてほしい行動	C´ほめた行動

A きっかけ（行動の前の状況）	B 子どもの行動	C 結果（行動の後の状況）
A´手がかりは？ →どうすればできるだろう	B´代わりにしてほしい行動	C´ほめた行動

コーピしてお使いください

終章

良きメンターになる

① "注目のパワー"を伝える

② 信頼のおける"相談相手"になる

③ 発達支援の"7つ"のポイント

④ 4つの"マスター"になる

1　"注目のパワー"を伝える

● 子どもたちに関わるすべての人に

　ペアレント・トレーニングは名前のとおり、親を対象に考えられたプログラムです。しかし、その理念は親を療育者にしようとするものではなく、子どもの行動に焦点をあて、子どもが今何ができているかを見つめ直し、これまでの親子の協力を思い出し、肯定的なまなざしを取り戻すことにあります。そして、そのための方法を、なるべく具体的に取り組みやすく示しています。

　このペアレント・トレーニングの考え方や方法は親だけではなく、子どもたちに関わるすべての人に共通するものだと思います。

　子どもの行動に注目することで、小さながんばりや、できていることに、できているうちに、ことばにして声をかける。そのうれしさを共有することで、子どもは安心し、変化し、成長していきます。

　この本を読んで、実際にペアレント・トレーニングを実践する中で、先生がたが感じられた注目のパワーを、親に伝えてほしいと思います。

　自己肯定感や自尊心は、本来子どもの中に意識されるものではありません。先生がたといっしょに、親も注目名人になり、子どものまわりに注目してもらえる時間や空間が十分に保証されることが、子どもたちの自己肯定感であり、自尊心なのだと思います。

② 信頼のおける"相談相手"になる

● 発達支援は育児支援と共にある

　どんな発達支援も、親を不安にするものであってはいけないと私は思っています。親が安心して、笑顔で子どもと向きあえることがなくなるような支援は、支援ではありません。親の代わりはいません。親がゆったりと関われるようにすることが、ゆるやかでも確かな子どもの成長を促してくれます。

　私たちにできることは、そのためにまず何ができるかを考えることです。それは、子どもに対して拙速に発達障害の診断を求めることや、発達障害の診断だけをつけることとは最も遠いところにあります。

　発達が凸凹していようとしていまいと、子どもたちの存在をあるがままに自然に受け入れること。子どもは変わる、子どもは成長するという見方を、まず私たちがもつこと。発達支援は、常に育児支援と共になければ意味はありません。メンターとは、"信頼のおける相談相手"という意味です。発達障害の子どもの子育てを経験をし、ペアレント・トレーニングや相談支援を学んだお母さんが、発達障害のある子どもをもつ親への家族支援を行うことを、ペアレント・メンターと言います。全国の自治体などでその養成が急がれていますが、十分なメンターを確保することは難しいのが現状です。

　先生がたには培われた経験と豊富なノウハウがあります。時には親よりも長い時間を過ごす先生が、ペアレント・トレーニングの支援方法を保育に活かし、さらに家族支援につなげていくことができれば、それはとても大きな力になります。その支援にも発達障害の診断はいりません。子育てに不安や悩みを抱える親の信頼できる相談相手として、保育士メンターとなってもらうことに、このテキストが少しでも役立つことを願っています。

乳幼児の遊びと心の発達

　下表のように乳幼児の遊びの変化は、他者との関係性やコミュニケーションと強く結びついています。

I　感覚運動遊び（6カ月〜）；対象物を身体的（自己刺激的）に扱う
　　＜自己完結型＞

II　系統的遊び（9カ月〜）；対象物を感覚的（模倣的）に扱う
　　＜二者関係にもとづく連続性の理解と期待＞

III　役割り遊び（12カ月〜）；対象物を機能的に扱う
　　＜三者関係→注意共有の指さし＞

IV　つもり遊び（24カ月〜）；対象物を想像的に扱う
　　3歳；つもり遊び（ふり遊び）の活発化
　　4歳；他者と想像の世界を楽しむ（ごっこ遊び）
　　5歳；「ソンナコトイッタラカワイソウダロー」
　　＜集団関係→共感性と想像力の芽ばえ＞

おぎゃーと生まれてから生後6カ月くらいまでは、目の前で手を振ってみたり、自分の足をなめたり、自分の体を使って遊ぶので＜自己完結型＞の感覚的遊びになります。

　生後9カ月くらいからは、いないいないばあ遊びに代表されるように、赤ちゃんがお母さんに、いないいないばあを期待し、お母さんがその期待に応える。お母さんが、いないいないばあをすると、今度は赤ちゃんが、お母さんの期待に応えて、キャッキャッと笑う。そんな連続性の理解と期待に裏打ちされた＜二者関係＞にもとづく系統的遊びと言われる時期に入ります。

　二者関係がしっかり成立すると、注意共有の指さしと呼ばれる＜三者関係＞に発展します。2歳を過ぎてくると、つもり遊びや、ごっこ遊びのように想像的な遊びが活発になり、＜集団関係＞の中で、共感性や想像力が育っていくことになります。

　これらの関係の中で、最も大切な関係はやはり二者関係です。二者関係がちゃんとできないと、三者関係や集団関係には発展できません。自閉症スペクトラムの診断基準のいちばん最初に出てくるのが、社会的、情緒的な相互関係の障害です。自己完結型の感覚遊びの段階から、なかなか有効な二者関係が育ちにくいと言えます。

　その状態で、集団関係の中に入れば、行動の不適応を起こすことは仕方がないことかもしれません。

　しかし、園でも二者関係や三者関係を育てることはできます。まだ凸凹はしていても、家庭でもかならず二者関係は育っていきます。もちろん十分に時間はかけなければいけませんし、その関わりをまわりは全力で支援しなければいけません。ペアレント・トレーニングはそのための有力な支援のひとつです。

3 発達支援の"7つ"のポイント

1. まず、私たちが子どもの存在を自然に受け入れる

2. 今、子どもが何ができているかを知ること

3. 子どもへの私たちの態度が、子どもを、そして親を笑顔にする

4. 親を不安にする支援は、支援とは言わない

5　子どもの発達は凸凹したもの、時には思いきり子どもに合わせて楽しむ
　（こだわり＝子どもの世界を共有する）

6　今、目の前の行動を何とかしようとするのではなく、
　〈子どもは変わる〉〈子どもは発達する〉ということを忘れない

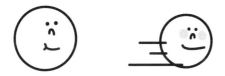

7　「発達障害」ということばがなくなることが最高の支援

●「発達障害」ということばに振りまわされることなく

　最高の発達支援は、「発達障害」ということばが私たちの社会からなくなることです。私は、保育士や小学校の先生がたに自信をもってほしいと思っています。発達障害ということばが日本で喧伝されるようになって、たかだか20年です。保育には、それをはるかに凌駕する経験と知恵があります。「発達障害」ということばに振りまわされることなどありません。

　先生がたは、自信をもって、お母さん、お父さんがたの良きメンターになってほしいと思います。

4　4つの"マスター"になる

1）共感力 マスターになる

● 理由を聞いてあげて共感する

　子どもの行動にはかならず意味があるとはいうものの、叱らないといけない時ももちろんあります。とりあえず押さえつけてでもやめさせないといけない危険な時もあります。

　でも、子どもなりに意味があるなら、叱る前に、ちょっと理由を聞いてあげる。やり直させる前に、その行動に少しでも共感してあげることで、子どもはとても落ち着きます。

　「どうしたのかな」、「まだ、やめたくなかったんだね」、大人がゆっくり待ってあげることで、子どもは自分の思いを話しやすくなります。

● パニックになった時は、後から理由を聞いて共感

　ただし、もうパニックになってしまっている時は、人の言うことを聞いたり、とても自分の気持ちを話せる状況ではありません。とりあえずクールダウンさせることを優先します。

　その場で聞かれても、理由など言えないことも多いと思います。「なんで、そうしたの」と聞かれて理路整然と答えられるくらいならパニックなどになりません。そんな時は、後からでいいので、「さっきはなぜそうしたのか」、「なぜやめることができなかったのか」を聞いてあげることはとても大切です。

● 共感が子どもの安心感に

　子どもの言い分を聞いておくことはかならず次につながります。子どもなりの理由が言えたら、次はどうすればパニックを起こさずに、うまく過ごせるのかをいっしょに考えることができます。

　たとえ、「わからん」としか言えなくても、「先生は自分の思いをわかろうとしてくれる」、「後でかならず自分の言い分を聞いてくれる」と思えることは、かならず次への行動のしやすさにつながります。そんな安心感が子どもの心の中にあれば、さらに身のまわりで起こる色々な状況にも対処しやすくなると思います。

　何度言っても同じことをする。何度注意してもやめない。それでも平常心を保って、「どうしたの」と聞くのはなかなか難しいものです。日頃からおまじないのように、「どうしたの、どうしたの」と唱えておくのがいいかもしれません。

2） 選択力 マスターになる

● 自分で決めたという気持ち

　子どもが、うまくできなかった理由が言えたとして、では、「次はどうすればいいと思う？」と子どもに聞いても、まず答えは返ってきません。「知らない」、「もうしない」、「わからない」。そもそも、それがすぐ明確に答えられるようなら、もう自分でちゃんとうまくやっています。

　でも、次どうするかはなかなか決められなくても、選ぶことはできます。選択することで、自分で決めたという気持ちをもつことができます。単に指示されたからするのではなく、自分の行動を自分で決めたという気持ちは、次にうまくできる確率を確実に高めてくれます。

● 選択肢をいっしょに悩んで、いっしょに考える

　B君は、おもちゃで遊びたいと思うと、他の子が遊んでいても無理やり奪ってしまいます。そんな時、【「貸して」と言う】のか、【おもちゃが空くまで他のおもちゃでがまんする】のか、どちらを選んでもまちがいではありません。選択肢を示すことで、子どもも色々な方法があることを学びます。

　相手と交渉したり、他のおもちゃで遊んだり、がまんしたり、先生に助けを求めたり。

　大人の一方的な指示だけでは、うまくいかなかった時、それは人のせいになってしまいます。

　もちろん、いい選択肢が思いつかないこともあります。しばらく子どもといっしょに悩んでいるうちに、子どもから、「こうしてみる」と提案できることもあります。「先生なら、こうするかなー」としか言えないこともあります。

　いずれにしても、いっしょに悩む、いっしょに考えるという時間や空間が子どものまわりにあることが、次へのエネルギーや安心感になります。

● 失敗体験にしない

　次の約束力マスターでも同じですが、この時に大事なことは、たとえ選んだとおりにできなくても失敗体験に終わらせないことです。

　「やっぱり、できなかった」、「ぼく、だめだった」という子どもの思いは次にはつながりません。かならずできた部分はあります。選べただけでも十分です。そこに注目することで、また次につなぎます。

3） 約束力 マスターになる

● 都合の悪い約束は忘れる天才

　これまで先生がたは、子どもと数えきれないほどの約束をしてきたと思います。そして、数えきれないほど裏切られてきたと思います。
　「あんなに約束したのに」「今度こそ、うまくいくと思ったのに」
　子どもは、自分の好きな約束は絶対覚えていても、自分に明らかなメリットのない約束などすぐに忘れてしまいます。都合の悪いことは忘れる天才と言ってもいいかもしれません。そんな約束は忘れても、子どもはちっとも困りません。
　でも、せっかく約束したのですから、約束を守れば、忘れるよりもっと気持ち良いということを感じてもらわなければなりません。

● 約束力マスターの3つのポイント

① うまく行動できなかった理由が言えたら、
　　どうすればうまくできるかいっしょに考えて、次にすることを約束します。

② 前日と、直前のシミュレーションをします。その時、「こうするのだったね」ではなく、「どうするのだったかな」と聞いてください。約束を、本人にことばにさせることがポイントです。

③ 1秒でも約束を守れているうちに盛大にほめます。
　　これを、究極のシミュレーションと呼んでいます。

● 約束をほめることで、長くつづく

「どうするのだったかな？」と聞いて、子どもが約束を言えたら、「おぼえていたね、えらいね」とほめてください。

約束を守ろうとしている様子が見えたら、すかさず「順番に並んで待ててるね」と注目してください。ほめられ、認められることで、これまでより少しでも長くうまく過ごせます。その過ごし方が、ずっと気持ちがいいことを子どもは感じます。

● 約束できただけで OK

せっかく約束したのにうまくいかないと、つい私たちもイライラして叱ってしまいます。でも、叱った瞬間に子どもの中に生まれるのは、「ボクは、どうせダメな子だ」という感情です。

約束どおりできなかった時は、何かが足りなかったのです。あるいは、子どもにとって予想外の何かがあったということはよくあります。そんな時は、まず約束できたこと、途中まででもがんばろうとしたことに注目して認めてあげてください。そして、うまくできなかった理由をいっしょに考え、次につなぎます。

どんな体験も、無駄な失敗はありません。

4） ごほうび マスターになる

● ごほうびで、"好子"を加える

　ひらたく言えば、ごほうび作戦です。トークンエコノミー法という名前をご存じのかたもいるかもしれません。子どもの行動を観察して、原因を考え、環境を整えることで、うまくできたらすかさず注目して、強化することをお話ししてきました。

　この注目することが、"好子"になりますが、さらにわかりやすいごほうびを"好子"に加えることで、好ましい行動を増やす、"強化"する方法です。

　ごほうびで釣るなんて邪道と思われるかもしれませんが、目的はごほうびに釣られてでもうまく行動できたら、そこに注目してほめることです。

● ごほうびで、予定や予測をたて楽しく行動

　トークンというのは、ごほうびそのものではなく、ごほうびの代わりになるものです。代理物と呼ぶこともあります。

　うまくできた時や、約束を守れたことごとに、ごほうびをあげるのは大変です。そんな時、子どもの好きなシールをカレンダーなどに貼って、決められた数がたまったら、好きなお菓子を買ってもらえたり、お父さんと公園に行くことができるなどの子どもにとって本当に価値のあるものと交換できるというものです。日常生活の中に、何となくとり入れられていることも多いと思います。

　この方法は、するべきことが子どもに明確になると同時に、子どももシールがたまっていくことで、予定や予測がたつことで楽しく行動できます。

● みんなでいっしょに考えて

　ごほうび作戦は、園では、他の子もいるので使いにくい時もありますが、トークンや提示の仕方を工夫すれば十分使える方法です。家庭で使う時は、本人だけではなく、きょうだいや、親もいっしょに目標を決めて行うと、より効果的です。

　ごほうびの内容を、子どもといっしょに考えたり、選ばせることも、次の行動につながってくれるかもしれません。

あとがき

　今や、テレビやメディアで発達障害ということばを目や耳にしない日はありません。10人に1人とか、15人に1人とか言われると、それはもう障害や病気というレベルではなくて、お互いに理解し合って生きていくという話ではないのかなと思ってしまいます。

　私が、発達障害（正しくは発達の凸凹ですが）に関わりはじめたのが10数年くらい前になります。急性期病院の外来にも、子育ての不安や悩みをかかえた親たちがおとずれ、保育や教育の現場からも対応に困難を感じる子どもたちが紹介されてきました。

　それでも、発達障害という診断をつけることには抵抗がありました。障害というのは行政用語であっても、医療用語ではない、ましてまだ発達途上の子どもたちに診断をつけることは、本来境界を定められないところにむりやり境界を引くことではないのかと感じました。

　小児科医として何かできることはないかと考え、たどりついたのがペアレント・トレーニングという支援の方法でした。グループ用のペアレント・トレーニング・プログラムを参考にして、外来で個別のペアレント・トレーニングらしきものをはじめました。まさに手さぐりでしたが、はっきりした手ごたえを感じました。

　はじめた頃のお母さんがたには迷惑な話ですが、こちらが教えていただいたこともたくさんありました。それをテキストとしてまとめたものが、「子育てが楽しくなる魔法教えます‐はじめてみようほめ育てプログラム‐」（ぶどう社、2015）です。現在もこのテキストをベースにして、外来でペアレント・トレーニングをつづけています。

　その中で、しだいに強く感じてきたことが、保育園や幼稚園などの先生がたとの連携の必要性でした。

家庭ではそれなりに過ごせているのに、集団の中ではとても過ごしにくかったり、逆に園では楽しそうに過ごしているのに、家ではお母さんを悩ましつづけていることもあります。

　この本は、園に出向いたり、先生とお母さんと同じ場で話を聞いたり、保育士の先生がたへの研修会を通じて学んだことを、まとめたものです。本文中にも書きましたが、ティーチャーズ・トレーニングとしてではなく、保護者と同じように、あるいは親と協力して子どもを愛し護るものとしてペアレント・トレーニングと名付けました。小学校の低学年でも使えると思います。先生がたが、メンターとして親たちの相談にのる時には、「子育てが楽しくなる魔法教えます」のテキストを親といっしょに参考にしながら使っていただくこともおすすめです。

　自閉症や発達障害の中核となる症状は、社会性の不調です。私が小児科医としてずっと感じてきたことは、子どもたちはいつも社会の変化を先取りして教えてくれるということでした。子どもたちが示す、社会性の不調は、現在のこの社会の裏で進みつつある不調かもしれません。そんな小さな心や体で訴えてくれる子どもたちに対して私たちがしなければいけないことは何か、それを忘れずにいたいと思います。

　最後に、この本をまとめるにあたり、一緒に議論を重ねながら実践いただいた星槎大学客員研究員の上野幸子氏に深謝いたします。

2018年2月　上野良樹

上野 良樹 　（うえの よしき）

1951年、富山県生まれ
大阪医科大学卒業
金沢大学医学部小児科医学研究科学位取得
日本小児科学会専門医

珠洲市民病院、厚生連滑川病院、金沢大学医学部小児科、
カリフォルニア大学ロサンゼルス分校に留学。
1993年より、小松市民病院小児科部長として小児科医療にあたる。
2014年から、小松市民病院副院長兼小児科部長。
2016年より、小児科医として、金沢こども医療福祉センター・金沢療育園施設長を務める。

著 書

「小児科医のアフタヌーンコール」（北國新聞社）2000年
「続・小児科医のアフタヌーンコール」（北國新聞社）2004年
「子育てのスキマに読んでほしい話」（北國新聞社）2012年
「子育てが楽しくなる魔法教えます」（ぶどう社）2015年
「不登校に、なりたくてなる子はいない。」（ぶどう社）2016年
「発達障害の早期療育とペアレント・トレーニング」（ぶどう社）2021年

保育に活かすペアレント・トレーニング
－ "気になる" 行動が変わる支援プログラム －

著　者　　上野　良樹

初版印刷　2018年2月25日
2刷印刷　2021年5月25日

発行所　　ぶどう社
　　　　　編集担当／市毛さやか
　　　　　〒154-0011　東京都世田谷区上馬2-26-6　203
　　　　　TEL 03（5779）3844　FAX 03（3414）3911
　　　　　ホームページ　http://www.budousha.co.jp

　　　　　印刷・製本／モリモト印刷　用紙／中庄